Annette Vosswinkel

Beste Freunde B1

DEUTSCH FÜR JUGENDLICHE

Deutsch als Fremdsprache

Leseheft: Schwarzes Eis

Hueber

1 Aufgabe vor dem Lesen
2 Aufgabe nach dem Lesen
3 Aufgabe in Partnerarbeit
4 Aufgabe in Gruppenarbeit

Zu diesem Leseheft gibt es unter www.hueber.de/beste-freunde
- Hörfassung als mp3-Dateien
- PDF-Arbeitsblätter: Aufgaben mit Lösungen

5. 4. 3. | Die letzten Ziffern
2027 26 25 24 23 | bezeichnen Zahl und Jahr des Druckes.
Alle Drucke dieser Auflage können, da unverändert, nebeneinander benutzt werden.
1. Auflage

Umschlaggestaltung: Sieveking · Agentur für Kommunikation, München
Layout und Satz: ms design, Athen
Druck und Bindung: F&W Druck- und Mediencenter GmbH, Kienberg
Printed in Germany
ISBN 978–3–19–081053–6

Art. 530_26853_001_03

Schwarzes Eis

Die Autoren

Die Protagonisten

Das können wir besser!

Laura: Na, wie fandest du den Film? 1

Simon: Blöd! Langweilig! Der langweiligste Quatsch[1], den ich in meinem Leben gesehen habe! Und dieser Film hat auch noch einen Preis bekommen!

Laura: Meine Tante hat mir auch das Buch geschenkt. Ich habe versucht, es zu lesen. Aber bei Seite 50 habe ich aufgehört. Das war einfach zu langweilig. Aber manchmal ist der Film ja besser als das Buch.

Simon: Na ja, ich finde, dass meistens die Bücher besser sind. Diese Filmkritiker sind echte Idioten! Nur weil ein berühmter Schauspieler mitspielt, ist das noch kein guter Film!

Laura: Und die Liebesgeschichte war einfach nur doof.

Simon: Und auch das mit dem Dieb war nicht spannend. Also das könnte ich sicher besser machen. Und du auch. Es kann doch nicht so schwierig sein, eine spannende Geschichte zu schreiben und gleichzeitig eine Liebesgeschichte, die nicht so dumm ist!

Laura: Und warum machen wir das nicht?

Simon: Was?

Laura: Na, eine Geschichte schreiben.

Simon: Zusammen? ... Na klar! Das ist die Lösung! Zusammen geht das sicher viel besser. Und dann werden wir berühmt: L. + S., das super Autorenteam!

Laura: Und unsere Geschichte spielt hier, in München.

Simon: Genau. Im Jahr 1964. Ich will eine Geschichte ohne Handys und Computer.

[1] der Quatsch = der Unsinn

Laura: Einverstanden. Aber warum 1964?
Simon: Damals gab es tolle Autos.
Laura: Aber die gab es 1963 doch auch.
2 Simon: Ja, aber ich habe da so eine Idee. … Einverstanden?
3 Laura: Wann fangen wir an?

SCHWARZES EIS

von
L. & S.

1

Es regnete, es war kalt und windig. Privatdetektiv Klaus Fischer gefiel dieses Wetter. Das war genau das richtige Wetter für Februar. Er genoss es.
In Marokko war es ihm viel zu heiß gewesen. Dort hatte er seinen letzten Fall gelöst[1]. Kein schöner Fall. Die Frau des Toten hatte zwei kleine Kinder. Mit dem Fall hatte er viel Geld verdient und das Geld auch direkt dort, in Marokko, bekommen. Aber er war mit sich und der Welt unzufrieden gewesen. Kurz vor seinem Flug zurück nach München hatte er der Frau das Geld geschenkt. Mit sich war er danach ganz zufrieden – mit der Welt nicht.

Er ging an der Isar entlang[2]. Klaus Fischer war in Köln geboren und in seiner Kindheit hatte er fast alle seine Sommer am Rhein verbracht. Trotzdem war doch die Isar sein Lieblingsfluss. Warum, wusste er nicht so richtig.

[1] einen Fall lösen = Arbeit als Privatdetektiv erledigen
[2] entlang = 

Schließlich bog er links ab, denn er wollte in der Post ein Paket[1] abholen, bevor er ins Büro ging. Er hatte keine Ahnung, von wem das Paket sein könnte.

In seinem Büro hatte er sich gerade mit einer Tasse Kaffee an seinen Schreibtisch gesetzt, um zu überlegen. Er brauchte unbedingt Geld. Aber woher? Vielleicht sollte er erst einmal das Paket auspacken? Es war von seinem Freund Jens in Hamburg … In diesem Moment hörte er Schritte[2] im Flur. Frauenschritte. Mit teuren Schuhen. Und diese Schritte kamen zu seinem Büro. Vielleicht war das sein nächster Fall?

[1] das Paket = 

[2] Schritte hören = hören, dass jemand kommt 

Er hatte richtig gehört. Die junge Frau, die ihm gegenübersaß, trug teure Kleidung und sehr teuren Schmuck. Und sie war hübsch, sehr hübsch. Nur ihre Augen waren etwas rot, sie hatte geweint.

„Herr Fischer, ich brauche Ihre Hilfe. Mein Mann ist seit zwei Tagen verschwunden[1]. Er ist auch in keinem Krankenhaus. Da habe ich schon überall angerufen. ... Ich weiß, was Sie jetzt denken. Zwei Tage ist nicht viel. Vielleicht ist er einfach mit einer Freundin für ein paar Tage weggefahren."

Ja, genau das dachte Klaus Fischer. Obwohl ... Die Unbekannte[2] war wirklich sehr hübsch, und sie gefiel ihm, auch mit den roten Augen. Aber auch Männer mit hübschen Frauen hatten Freundinnen.

„Aber so ist Peter nicht. Er liebt mich. Das weiß ich. ... Ich bin mir sicher, dass ihm etwas Schreckliches passiert ist. Bitte, finden Sie ihn. ... Hier, ich habe Ihnen ein Foto von Peter mitgebracht. Das ist von einem Ausflug in die Berge, vor drei Jahren."

Die Unbekannte und ihr Mann sahen auf dem Foto sehr glücklich aus.

„Sie klettern gern?"

4
5
6

[1] ist verschwunden = ist nicht mehr da

[2] die Unbekannte = eine Person, die man nicht kennt

2

Tja, jetzt hatte er also einen neuen Fall. Viel verdienen würde er damit nicht, denn er war sicher, dass Peter in ein, zwei Tagen wieder da sein würde. Aber für sein Geld musste er etwas tun. Er sah sich seine Notizen an.

Die Unbekannte hieß Renate Schmidt und war seit fünf Jahren mit Peter Schmidt verheiratet. Peter, ihr Mann, war 30 Jahre alt, 1,78 Meter groß, hatte kurze blonde Haare und war 80 Kilo schwer. Von Beruf war er Fußballer.

Und obwohl Klaus Fischer sich eigentlich nicht für Fußball interessierte, kannte er den Namen. Er war sogar einmal im Stadion gewesen und hatte ein Spiel gesehen, bei dem Peter Schmidt zwei Tore geschossen hatte.

Vor zwei Jahren hatte Peter Schmidt einen schweren Unfall und konnte nicht mehr Fußball spielen. Doch nach kurzer Zeit fand er eine neue Arbeit. Er machte Werbung für Sportschuhe, meist im Ausland, und verdiente viel Geld damit.

Klaus Fischer musste telefonieren. Mit seinem Freund Franz bei der Münchner Polizei.

„Polizei München. Franz Huber."

„Hallo, Franz. Hier ist Klaus."

„Na, aus Marokko zurück? Wie war's?"

„Das erzähl ich dir ein anderes Mal. Ich habe einen neuen Fall.“
„Und? Was willst du wissen?“
„Habt ihr vielleicht einen Toten? Gestern oder vielleicht schon am Dienstag? Groß, blond, sportlich?
„Woher weißt du das? ... Ja, am Dienstagabend. Der ist mit seinem Auto in die Isar gefahren.“
„Und habt ihr auch einen Namen?“
„Philipp Mairing.“
„Ist schon jemand von den Verwandten gekommen?“
„Nein, wir haben noch niemand gefunden.“
„Kann ich mir den Toten mal anschauen?“
„Hm, du weißt, das geht eigentlich nicht. ... Aber egal, schließlich sind wir ja Freunde. Komm so um eins, da machen die anderen Mittagspause.“ 7

3

Bis dahin hatte Klaus Fischer noch Zeit. Außerdem hatte er langsam Hunger. Also telefonierte er noch einmal.
„Na, Sporty, wie wär’s mit einer Bratwurst?“
„Ich muss noch kurz einen Artikel fertig machen. Sagen wir in einer halben Stunde?“
„In Ordnung. Bis gleich.“
Sporty hieß eigentlich Manfred Bauer. Er war Sportjournalist bei der *Münchner Abendzeitung*. Sie waren gute Freunde, aber mit Sporty umzugehen, war nicht immer leicht. Wenn er glaubte, jemand wollte ihn beleidigen, dann wurde er sofort wütend. Er stritt sich fast täglich mit den anderen Journalisten von der *Münchner Abendzeitung*. Und wenn man ihn unterbrach,

wenn er etwas erzählte, wurde er sauer. Aber er war ein sehr guter Sportjournalist.

Ihr Bratwurst-Treffpunkt war Resis Imbissbude am Viktualienmarkt.

Für Klaus Fischer gab es dort die beste Bratwurst in ganz München.

„Na, Resi, wie läuft das Geschäft?"

„Ich kann nicht klagen. Hallo, Sporty. ... Das Übliche[1]?"

Der Regen hatte aufgehört. Und nachdem jeder zwei Portionen

[1] das Übliche = hier: das Essen, das Sporty immer bestellt

Bratwurst gegessen hatte, schien sogar ein bisschen die Sonne.

„Das ist und bleibt wirklich die beste Bratwurst in ganz München! Aber jetzt sag mal, Klaus, was willst du denn wissen?“

„Kennst du einen Peter Schmidt?“

„Den Fußballer?“

„Ja.“

„Natürlich. Der war wirklich gut. Und auch sympathisch. Ich habe mal ein Interview mit ihm gemacht. Aber vor zwei Jahren hatte er einen schweren Unfall und konnte nicht mehr Fußball spielen. Seitdem habe ich nichts mehr von ihm gehört.“

„Ich habe gehört, dass er mit Werbung für Sportschuhe viel Geld verdient, im Ausland.“

„Bist du sicher? Ich meine, natürlich war er gut, aber er war kein internationaler Fußballstar. Warum sollte ihn jemand für Werbung bezahlen, in Ländern, in denen ihn keiner kennt? … Aber jetzt muss ich zurück in die Zeitung. Danke für die Bratwürste!“ 8–9

4

Klaus Fischer musste sich beeilen, wenn er pünktlich bei Franz 10
sein wollte.

„Und, kennst du diesen Philipp Mairing?“, fragte Franz, nachdem sie sich den Toten angeschaut hatten.

„Nein, der ist viel jünger als die Person, die ich suche. Aber vielleicht kann ich ja etwas herausfinden. War er verheiratet?“

„Ja, hier habe ich den Ehering. Schau mal: P. und R. 1959. Er ist seit fünf Jahren mit einer R. verheiratet. Aber eine R. Mairing haben wir noch nicht gefunden. Wir haben auch Geld gefunden, englische Pfund, französische Franc, Dollar. Aber nicht sehr viel.“

der Ehering

„Ist dir sonst noch etwas aufgefallen?“

„Ja, er hat am linken Arm ein Tattoo, einen Fußball und eine dunkelrote Rose.“

„Und war es ein Unfall? Oder hat da jemand … eh … *geholfen*?“

„Nein, ganz klar ein Unfall. Schwarzes Eis.“

„Schwarzes Eis?“

„Ja, Eis auf der Straße. Das ist wie Glas und sieht deshalb auf der Straße wie schwarzes Eis aus. Wenn du da ein bisschen zu schnell fährst …“

„Verstehe. … Ich ruf dich an, wenn ich etwas finde. Und … danke!“

Der Tote sah genauso aus wie Peter Schmidt auf dem Foto. Der Tote war Peter Schmidt. Das war ganz sicher. Aber das durfte Franz noch nicht wissen. Dafür war es noch zu früh. Klaus Fischer musste erst mit Renate Schmidt sprechen.

Er verließ das Polizeigebäude und ging zur nächsten Telefonzelle.

„Hier Schmidt.“

„Ja, Frau Schmidt. Hier ist Klaus Fischer.“

„Haben Sie Peter gefunden?“

„Nein, leider noch nicht. Aber ich möchte Sie gern noch ein paar Sachen fragen. Und wenn Sie nichts dagegen haben, möchte ich mir gern Ihre Wohnung anschauen. Vielleicht gibt es dort ja etwas, was mir helfen kann, ihn zu finden. Ich könnte in einer halben Stunde bei Ihnen sein.“

„Ja, kommen Sie. Obwohl ich natürlich auch schon überall gesucht habe. Nur habe ich nicht sehr viel Zeit, ich habe noch einen Termin beim Friseur.“

Klaus Fischer wunderte sich. Ihr Mann ist verschwunden und sie geht zum Friseur. Zum Friseur zu gehen, war für ihn ein Albtraum. Aber bei Frauen musste das anders sein, sonst würden sie ja nicht so viel Zeit in den Friseursalons verbringen. 11

5

Renate Schmidt öffnete ihm die Tür. Sie trug einen einfachen Pullover und eine enge Hose. So gefiel sie ihm noch besser.

Zusammen gingen sie durch die Wohnung, suchten auch in allen Schränken, im Schreibtisch. Nichts. Schließlich machte Renate Schmidt auch die Tür zum Schlafzimmer auf.

„Ich glaube aber nicht, dass Sie hier etwas finden."

„Ihr Faschingskostüm?[1]"

„Wir wollten am Samstag auf eine Faschingsparty gehen. Ich wollte mich als Spanierin verkleiden."

Das sagte sie sehr traurig. Klaus Fischers Herz tat weh.

„Kennen Sie einen Philipp Mairing?"

Sehr ruhig und langsam erzählte er ihr, was er herausgefunden hatte.

„Sind Sie verrückt? Das ist nicht Peter, das ist nicht mein Mann!"

Sie weinte.

„Aber der Ehering? Und das Tattoo?"

„Warum quälen[2] Sie mich? Viele Leute heiraten und haben Tattoos. Das ist nicht mein Mann. Peter ist nicht tot! Gehen Sie,
12 gehen Sie! Finden Sie Peter!"

6

Klaus Fischer musste nachdenken. Der Tote war ganz sicher Peter Schmidt. Aber warum hatte er einen Ausweis mit dem Namen Philipp Mairing? Das Geld, die Franc und die Dollar,

[1] der Fasching = der Karneval
[2] quälen = weh tun

hatte er vielleicht von seinen Werbejobs im Ausland. Aber was wollte er hier in München nachts mit dem Geld?
Klaus Fischer ging spazieren, durch den Englischen Garten und an der Isar entlang. Er wusste hinterher zwar immer noch nicht, was er machen sollte, aber er fühlte sich besser. Es war schon dunkel, aber er ging noch einmal in sein Büro. Er wollte endlich sehen, was in dem Paket war. Er machte gerade seine Bürotür auf, als er das Telefon hörte.
„Klaus Fischer."
„Kommen Sie schnell, zu mir nach Hause. Beeilen Sie sich! Es ist etwas Schreckliches passiert. Ich habe Angst!"
Klaus Fischer lief aus dem Haus, nahm ein Taxi und war in einer Viertelstunde[1] bei Renate Schmidt.

13

7

Die Wohnung war ein Chaos. Renates Gesicht war weiß, unter dem linken Auge hatte sie einen roten Fleck, sie hatte große Angst.
„Was ist passiert? Wer war das? Hat man etwas gestohlen?"
„Ich glaube nicht. Sie haben etwas gesucht."
„Gesucht …? Wer? Wen meinen Sie?"
„Die beiden Männer."
„Beruhigen Sie sich. Was ist passiert? Welche beiden Männer?"

Als Renate vom Friseur nach Hause gekommen war, hatte im Flur plötzlich ein dicker Mann mit einem großen Messer gestanden.
„Los! Im Wohnzimmer ist jemand, der sich mit dir unterhalten möchte."

[1] Viertelstunde = 15 Minuten

Auf dem Sofa hatte ein anderer Mann gesessen, ein dünner[1]. „Jetzt erzähl uns mal, wo Philipp das Geld versteckt hat. ... Ach ja, und falls du nicht weißt, wer Philipp ist, das ist dein lieber Peter. Und falls du auch nicht weißt, woher das Geld kommt: Philipp, also dein Peter, hat für uns Autos ins Ausland gebracht und sie dort verkauft. Natürlich nur teure Autos. Er war immer zuverlässig. Aber jetzt ist er verschwunden. Und wir haben leider entdeckt, dass er doch nicht so zuverlässig war. Er hat nämlich gestohlen, unser Geld gestohlen. Und das wollen wir jetzt! ... Los! Wo ist das Geld?“

Renate hatte nicht geantwortet.

„Das willst du uns nicht sagen? Dann fragt dich mein Freund hier noch mal.“

Der Dicke hatte Renate ins Gesicht geschlagen.

„Ich weiß nicht, wovon Sie sprechen.“

„Ich bin kein Freund von Gewalt. Aber wenn es nicht anders geht ... Heute haben wir dich höflich gefragt. Aber wir kommen wieder, und ich hoffe, dass du dich dann an das Geld erinnern
14 kannst.“

8

„Und dann sind sie gegangen.“

Klaus Fischer legte vorsichtig seinen Arm um Renate.

„Du musst mir helfen. Was soll ich denn jetzt machen?“ Renate weinte leise.

„Und du hattest keine Ahnung, von Philipp, von den Autos?“

[1] dünn ↔ dick

„Ich habe doch immer gedacht, Peter macht Werbung für Sportschuhe."

„Und von dem Geld? Denk nach! Hat Peter vielleicht etwas gesagt, dass er dir etwas Teures kaufen will, dass ihr eine lange Reise machen werdet?"

„Er hat gesagt, dass sich unser Leben ändern wird. Und darüber war ich froh. Denn nach dem Unfall war er nicht mehr so wie früher. Er war oft so nervös, konnte nachts nicht schlafen. Und er war auch immer länger weg."

Renate weinte jetzt nicht mehr.

„Früher, als er noch Fußball gespielt hat, sind wir oft in die Berge gefahren. Zum Klettern. Er konnte auch tauchen und das hat er mir gezeigt. Wir waren so glücklich. Wir wollten eine Traumreise in die Karibik machen, nach Jamaika. Dort ist es fantastisch zum Tauchen. ... Aber nach dem Unfall hat er nie wieder darüber gesprochen."

„Hm, dass sich euer Leben ändern wird. ... Also ist es vielleicht doch möglich, dass er von den beiden Männern Geld gestohlen hat? Geld für euer neues Leben?"

„Das weiß ich nicht."

„Wenn der Dünne die Wahrheit erzählt hat, wo könnte denn Peter das Geld versteckt haben? Hier in der Wohnung sicher nicht. Du hast gesucht, ich habe gesucht, der Dicke und der Dünne auch. Hier hat niemand Geld versteckt."

„Ich weiß nicht. ... Vielleicht, vielleicht im Waldhaus. ... Ja, das ist möglich. Ein kleines Ferienhaus im Wald, zwei Stunden von hier, das hatten Peters Eltern gekauft. Peter hat das Haus geliebt. Aber ich war nur einmal dort. Mir hat es dort nicht gefallen, so allein im Wald. ... Aber der Weg ist ganz einfach, den finde ich wieder."

„Einen Moment! Ich fahre zum Waldhaus. Allein. Ich bringe dich jetzt in ein kleines Hotel, das Freunden von mir gehört. Das Hotel hat ein kleines Restaurant, also kannst du dort auch essen. Meine Freunde werden sich gut um dich kümmern. Nimm nur ein paar Sachen[1] mit.“

„Und wenn der Dicke und der Dünne meine Wohnung beobachten[2]?“

„Sicher erst ab morgen. Die haben heute keine Lust mehr, nachts hier draußen zu stehen. Und die glauben vermutlich auch, dass du im Moment viel zu viel Angst hast, um etwas zu
15 machen.“

9

16 Am nächsten Tag wachte Klaus Fischer um sieben Uhr auf. Es war noch dunkel. Für die Fahrt zum Waldhaus hatte er sich den alten *Opel Kapitän* von Sporty geliehen, denn er hatte kein eigenes Auto. Aber Sporty hatte ihn gewarnt. Für Ausflüge und die Autobahn war der *Opel* eigentlich nicht mehr geeignet. Die Reifen waren alt und auch die Bremse funktionierte nicht mehr so richtig. Aber Klaus Fischer hatte Glück, der Wagen fuhr problemlos.

Zuerst fuhr er zu Renates Wohnung. Und da sah er den Dicken, hinter dem Baum gegenüber von Renates Wohnung.

Als er nach zwei Stunden am Waldhaus ankam, sah er, dass er zu spät gekommen war.

Anstatt die Wohnung von Renate zu beobachten, hatten der Dicke und der Dünne im Waldhaus nach dem Geld gesucht.

[1] die Sachen = hier: Kleidungsstücke und persönliche Dinge
[2] beobachten = aus der Ferne anschauen

Aber woher wussten sie vom Waldhaus? Jetzt brauchte er eine Telefonzelle. Vielleicht im nächsten Dorf?

„Renate, der Dicke und der Dünne waren schon hier. Sie haben im Waldhaus nach dem Geld gesucht. Aber sie haben nichts gefunden, denn ich habe den Dicken heute Morgen vor deinem Haus gesehen."

„Also beobachten sie meine Wohnung?"

„Ja, und das würden sie nicht machen, wenn sie das Geld jetzt hätten. ... Denk nach! Hatte Peter hier vielleicht einen Lieblingsort? Einen Ort, an den er als Kind gegangen ist, wenn er allein sein wollte? Wo man vielleicht auch etwas verstecken könnte? Irgendwo[1] in der Nähe des Waldhauses?"

[1] irgendwo = an einem Ort

„Ja, … warte mal. Er hat mir seine ersten Bilder von Fußballern gezeigt, die er gesammelt hat, als er noch klein war. Ja, jetzt erinnere ich mich. Das war in einem großen alten Baum, hinter dem Haus. Da, wo der Wald anfängt."

„Alles klar. Ich fahre wieder zurück. Bleib im Hotel, damit ich
17 weiß, dass du in Sicherheit bist."

10

Als Klaus Fischer im Hotel ankam, saß Renate im Hotelrestaurant. Vor ihr standen eine Tasse Kaffee und ein Stück Torte. Klaus Fischer stellte eine alte, schmutzige Sporttasche auf den Stuhl neben ihr und setzte sich ihr gegenüber.

„Mach mal die Sporttasche auf. Aber so, dass dich keiner sieht."

Renate machte vorsichtig die Sporttasche auf.

„Du hast das Geld gefunden! … Ist das viel Geld?"

„Das ist sehr, sehr viel Geld. Damit kannst du ein neues Leben anfangen."

„Klaus, kann man denn so viel Geld verdienen, wenn man Autos verkauft? Und warum hat er mir erzählt, dass er Werbung macht?"

„Das war kein normaler Autoverkauf. Der Dicke und der Dünne haben die Autos hier gestohlen, dann haben die Autos vermutlich eine neue Farbe und ein neues Nummernschild[1] bekommen und dann hat Peter sie ins Ausland gebracht und dort verkauft."

Renate sagte nichts.

„Ich habe einen riesigen Hunger. Möchtest du auch noch etwas?"

[1] das Nummernschild = 

„Nein, danke. Ich habe keinen Hunger."

Klaus Fischer bestellte für sich Fleisch mit Kartoffeln und Salat.

„Renate, was ist denn? Du sagst ja gar nichts."

„Reni, kannst du mich *Reni* nennen? *Renate* klingt so kalt. So hat mich immer meine Mutter gerufen, wenn sie mit mir schimpfen wollte."

„Reni, ja, das passt viel besser zu dir. Aber sag, was ist denn?"

„Ich kann das nicht verstehen. Peter hat mit diesen Leuten zusammengearbeitet? Wie konnte er das nur tun? Und so wollte er unser Leben schöner machen?"

„Vielleicht wollte er nur, dass du glücklich bist. Dass ihr eine große Wohnung habt, ein teures Auto, dass du dir schöne Kleidung und Schmuck kaufen kannst ..."

„Aber das interessiert mich doch alles nicht! Das hat mich nie interessiert! Ich wollte doch nur mit Peter zusammen sein!"

„Tja, Männer denken oft, dass Frauen teure Sachen haben wollen, damit sie sie lieben. Aber vielleicht machen sie da manchmal einen großen Fehler."

Klaus Fischers Essen stand jetzt auf dem Tisch und er aß. Beide sagten nichts. Als er fertig gegessen hatte, schaute er Reni an.

„Es gibt ein Problem. Du kannst dich nicht dein ganzes Leben in diesem Hotel verstecken. Der Dicke und der Dünne wollen das Geld und sie werden dich sicher irgendwann[1] finden."

„Aber was soll ich denn machen? Wohin soll ich denn gehen?"

„Hast du Familie? Eltern, Schwestern, andere Verwandte?"

„Nein."

„Hm."

Klaus Fischer überlegte.

[1] irgendwann = hier: später

„Und was würdest du davon halten[1], in Jamaika zu leben?“

„Was … was redest du denn da?“

„In Europa bist du nicht in Sicherheit. Peter hat die Autos im Ausland verkauft, in Europa. Sicher haben sie Kontakte und können dich finden.“

„Aber nach Jamaika? Allein?“

„Ich habe Freunde auf Jamaika. Alte Freunde aus Köln. Sie haben ein Hotel, in Negril. Das ist ein kleiner Ort im Westen von Jamaika, kilometerlange Strände, ein Traum für Taucher. Meine Freunde können dir sicher helfen. Und da kannst du dann vielleicht deine eigene Tauchschule eröffnen.“

„Und wie komme ich nach Jamaika?“

„Na, mit dem Flugzeug! Oder hast du vielleicht keinen Pass[2]?“

„Doch, … aber der ist in der Wohnung.“

Da Reni ihre Torte nicht aß, nahm Klaus Fischer die Kuchengabel. Er aß und überlegte.

18 „Ich glaube, ich habe eine Idee. Max kann uns helfen.“

11

Sportys Wagen ließen sie am Hotel stehen und nahmen ein Taxi.

„Reni, ich muss zwei Dinge wissen[3]: Bist du sicher, dass du nach Jamaika willst?“

Reni überlegte kurz. „Hier kann ich nicht bleiben. Und Jamaika war schon immer mein Traum. Also, ja. … Und das zweite?“

[1] was würdest du davon halten = wie würdest du es finden
[2] der Pass = der Ausweis
[3] ich muss zwei Dinge wissen = hier: ich habe zwei Fragen

„Vertraust[1] du mir?"

Bei dieser Frage überlegte sie nicht. „Ja."

„Hier steigen wir aus[2]." Klaus Fischer sprach zum Taxifahrer.

Sie befanden[3] sich vor einem Reisebüro.

„Du bist dir also ganz sicher?"

„Ja, Klaus, obwohl ... obwohl ..."

„Für *obwohl* haben wir jetzt keine Zeit. Ja oder Nein?"

„Ja."

Im Reisebüro kauften sie ein Flugticket für Reni: München – Frankfurt – Kingston (Jamaika).

„Was? Für heute Abend um 11?"

„Ja. Und von Kingston nimmst du einen Bus nach Negril."

„Und jetzt?"

„Jetzt gehen wir zu Max. Das sind nur ein paar Schritte."

Vom Reisebüro gingen sie nach links. Dann bogen sie in eine kleine Straße ab. Dann bogen sie wieder ab, in eine noch kleinere Straße. Dann machte Klaus Fischer eine grüne Metalltür auf.

„Das ist der Hintereingang zum Musiktheater *Schwarze Rose*. Hier arbeitet Max."

Sie gingen hinein[4]. Es war sehr dunkel, es gab nur ein paar kleine Lampen. Aber Klaus Fischer kannte den Weg, er nahm Renis Hand.

Dann standen sie plötzlich im Zuschauerraum. Der Zuschauerraum war leer. Aber auf der Bühne sah Reni Marilyn Monroe. Sie sang und tanzte zusammen mit sechs Tänzern.

„Aber sie ist doch tot", sagte Reni überrascht.

„Das ist nicht Marilyn Monroe. Das ist mein Freund Max.

[1] vertrauen = sich auf jemanden verlassen können

[2] aussteigen ↔ einsteigen

[3] sich befinden = (an einem Ort) sein

[4] hineingehen = hier: in das Musiktheater gehen

Er ist gut, nicht? Er spielt auch Männer, Tänzer und Filmstars. Er ist ein wirkliches Talent!“

Reni vergaß für ein paar Minuten ihre Probleme und schaute Max zu.

„Komm, wir gehen hinter die Bühne. Die Probe ist zu Ende.
19 Jetzt hat Max Zeit.“

12

Max hatte sein Kostüm schon ausgezogen und begonnen, sein Make-up zu entfernen.

„Na, Klaus, da bist du ja! Und nicht allein! ... Ich habe euch im Zuschauerraum gesehen. ... Na, hat es euch gefallen?“

„Max, Bruderherz, das ist Reni. Und natürlich warst du wie immer wirklich klasse!“

„Ja, ich fand es auch ganz wunderbar“, sagte Reni.

„Hoffentlich finden das die Leute morgen auch. Heute war die letzte Probe, morgen beginnen die Vorstellungen unserer neuen Show.“

„Max, wir brauchen deine Hilfe. Reni hat ein ... kleines Problem. Aber ich habe einen Plan.“

Klaus Fischer erzählte Max zuerst alles, was passiert war. Und dann erklärte er seinen Plan.

„Aber Klaus“, rief Reni, „das klappt doch nie! Das kann doch gar nicht gelingen! Max, sag doch was!“

„Reni, ich finde Klaus’ Plan perfekt! Ein richtiges Abenteuer! Haha, das verwende[1] ich gleich in meiner nächsten Show!“

„Du bist aber optimistisch.“ Reni war noch nicht überzeugt. „Und was ziehen wir an? Du hast doch sicher nicht die gleichen Kleidungsstücke wie ich.“

[1] verwenden = benutzen

„Ah, das ist das kleinste Problem. Ich habe für jede Rolle zwei gleiche Kostüme, für den Notfall. Mal schauen, was am besten geeignet ist."

Max suchte im Schrank.

„Hm, nein, das ist nichts. ... Das wäre gut ... aber nicht bei diesem Wetter. ... Ah, ja, das ist genau das Richtige. Was meinst du, Reni?"

„Rot und kariert? Ist das nicht viel zu auffallend?"

„Je auffallender, desto besser", meinte Klaus. „Dann schauen der Dicke und der Dünne mehr auf die Kleidung und weniger auf das Gesicht und den Körper."

„Na ja, wenn ihr meint ..."

„Und hier habe ich auch eine Brille, die gut dazu passt. Nur normales Glas. Das wäre doch gut, nicht Klaus? Denn so hübsche Augen wie Reni habe ich natürlich nicht."

„Perfekt!", sagte Klaus Fischer.

„Und Klaus, für dich habe ich auch etwas: Hut, Schnauzbart, Hose und Jacke, ein kleines Kissen und natürlich auch eine Brille."

„Ein Kissen?"

„Ja, damit du dicker aussiehst."

„Na, vielen Dank! Aber einverstanden. Ist ja nur ein Kostüm." 20

13

Von der *Schwarzen Rose* nahmen Reni und Klaus Fischer ein Taxi zum Hotel.
„Reni, im Hotel nimmst du deine Sachen, fährst dann nach Hause und in zwei Stunden treffen wir uns im Café Bacher."
„Ist Max dein Bruder?"
„Wie? ... ach, wegen ‚Bruderherz'. Nein. Wir kennen uns aus der Schule. Das ist eine lange Geschichte. Aber Max ist wie ein kleiner Bruder für mich."

Nachdem Reni ihre Sachen aus dem Hotel geholt hatte, fuhr sie nach Hause. Ja, da stand der Dicke hinter dem Baum. Sie ging ins Haus. Ihr Pass war das Erste, was sie in ihre Tasche tat. Dann noch etwas Geld, das sie in der Wohnung hatte. Sonst nahm sie nichts mit. Auf Jamaika erwartete sie ein neues Leben!
Sie zog die Sachen an, die Max ihr gegeben hatte. Kariert trug sie sonst nie. Als sie sich im Spiegel sah, fand sie, dass sie komisch aussah. Aber das, was in der letzten Zeit passiert war, war ja auch sehr komisch, ganz und gar nicht normal.
Sie hatte noch ein bisschen Zeit, bevor sie ins Café Bacher fahren musste.
Sie ging durch die Wohnung. Hier hatte sie zusammen mit Peter gelebt. So viele Jahre. Die ersten drei Jahre waren sie sehr, sehr glücklich gewesen. Dann kamen zwei Jahre, in denen Peter ganz verändert gewesen war. Gar nicht mehr der Peter, in den sie sich verliebt hatte, den sie geheiratet hatte. Jetzt wusste sie, warum. Warum hatte er nie mit ihr geredet?

Als Reni ins Café Bacher kam, suchte sie nach Klaus Fischer. Dann sah sie ihn. Sie musste lachen. Er sah in seiner Verkleidung so witzig aus.

Sie setzte sich neben ihn.
„Das mache ich ja eigentlich nicht. Mit unbekannten Männern Kaffee trinken.“
„Ha, ha, sehr witzig.“
Sie bestellten.
„Klaus, kannst du den Dicken oder den Dünnen sehen?“
„Nur den Dicken, er beobachtet uns. Der Dünne sitzt wahrscheinlich im Wagen.“
„Sag mal, ist die Zeit nicht ein bisschen knapp?“
„Du kannst ganz beruhigt sein. Ich habe für alles gesorgt. In zwanzig Minuten wartet am Hinterausgang Alfons mit seinem Taxi auf dich. Und Alfons ist der schnellste Taxifahrer auf der Welt.“
Das sagte Klaus Fischer ganz ruhig, aber er wusste, dass die Zeit wirklich knapp war. Es hatte angefangen zu schneien.

Da konnte auch Alfons nicht sehr schnell fahren. Er konnte nur hoffen, dass der Plan wirklich klappen würde.

„Klaus?", Reni schaute ihn an. „Tut es dir nicht leid, dass ich weggehen muss?"

„Reni", Klaus Fischer schaute Reni nicht an, „für so etwas ist jetzt nicht der richtige Moment."

Sein Herz war da aber ganz anderer Meinung.

„Reni, du musst jetzt gehen."

„Klaus, ..."

„Jetzt!!! Oder es ist wirklich zu spät!"

21 Reni ging.

14

22 Nach kurzer Zeit kam eine Frau mit rotem Rock und rot karierter Jacke aus der Toilettentür, ging zu Klaus Fischers Tisch und setzte sich neben ihn.

„Alles klar, Max?"

„Ja."

In dem Moment sahen sie ein Taxi hinter dem Café wegfahren.

Max gab Klaus Fischer unter dem Tisch ein kleines Paket.

„Das ist von Reni. Aus der Sporttasche. Sie hat gesagt, ich soll es dir erst geben, wenn das Taxi weg ist."

„Bist du mein Freund oder Renis?"

„Auch mir hat sie Geld gegeben. Ich musste es nehmen. Sie hat gesagt, sonst fährt sie nicht zum Flughafen."

Klaus Fischer wusste nicht, ob er sich darüber freuen oder unglücklich sein sollte.

Aber jetzt war nicht der Moment dafür, nicht für das eine und auch nicht für das andere.

„Bruderherz, es ist Zeit, dass wir ins Kino gehen.“
Sie gingen zu Fuß. Das Kino lag direkt um die Ecke. Es schneite, aber Klaus Fischer merkte nicht, wie kalt es war.
Es gab einen James-Bond-Film und es waren sehr viele Leute im Kino.
Klaus Fischer schaute nur kurz zum Kino-Café und ging dann zusammen mit Max zu den Kinotoiletten.
„Warte hier“, sagte Max. Er ging in einen kleinen Raum rechts neben den Toiletten und kam sofort mit zwei Taschen zurück.
„Warum hast du mir nicht gesagt, dass das hübsche Mädchen, das im Kino-Café arbeitet, deine Freundin ist?“
„Du musst ja nicht alles wissen, mein lieber Klaus. Los, zieh endlich wieder deine eigene Kleidung an. Ich kann dich so nicht mehr sehen.“
Als sie in den Zuschauerraum gingen, sah Klaus Fischer den Dünnen im Kino-Café.

Nach dem Film verließen alle Zuschauer das Kino durch den Hinterausgang. Es hatte aufgehört zu schneien. Gegenüber vom Kinoausgang sah Klaus Fischer auch den Dicken. Na, der konnte lange auf Reni warten.
„Na Klaus, wollen wir noch etwas trinken gehen?“
„Nein, jetzt nicht. Ich will noch kurz ins Büro.“
„O.K. Also bis morgen dann, nach der Vorstellung.“
„Ja, gute Nacht.“
Klaus Fischer ging nicht direkt in sein Büro. Zuerst ging er zur Imbissbude in der Maximilianstraße. Nein, er hatte keinen Hunger, aber dort wartete Alfons immer auf Fahrgäste[1], wenn er nachts arbeitete wie heute.

[1] der Fahrgast = hier: Person, die mit dem Taxi fahren möchte

„Na Alfons, hat alles geklappt?"

„Deine hübsche Freundin ist pünktlich am Flughafen angekommen. Und das Flugzeug ist auch pünktlich geflogen. Ich habe so lange gewartet, und bei der Gelegenheit noch eine Freundin besucht, die am Flughafen arbeitet. Also, keine Sorge."

„Und der Schnee?"

„Aber du kennst doch Alfons, den besten Taxifahrer der Welt!"

„Danke, alter Freund."

Als Klaus Fischer in sein Büro kam, wusste er nicht, was er dort machen sollte. Aber nach Hause wollte er auch noch nicht gehen. Auf seinem Schreibtisch sah er das Paket. Vielleicht sollte er es endlich einmal auspacken.

Im Paket waren eine Schallplatte und ein kurzer Brief.

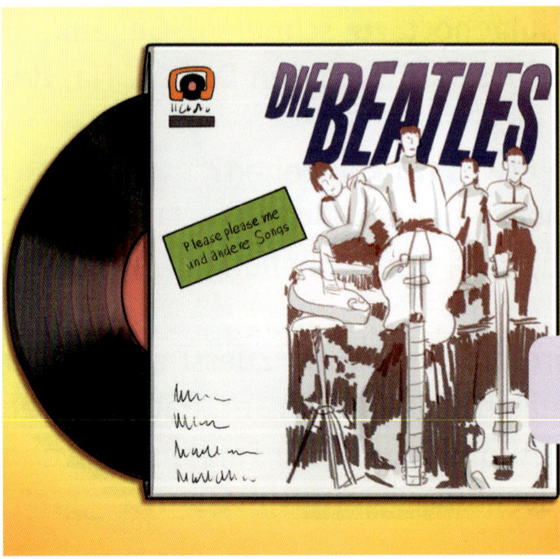

die Schallplatte, die Platte

Hamburg, den 9. Februar 1964

Lieber Klaus,

das ist die erste Platte von den Beatles.

Du erinnerst dich doch? Die neue Band, die wir gesehen haben, als du mich besucht hast, und bei der alle Musiker so komische Frisuren hatten. Du fandest sie doch so toll. In Deutschland gibt es die Platte seit dem 6. Februar, und da habe ich gleich zwei gekauft – eine für dich und eine für mich.

Wie geht es dir denn so? Meld dich mal wieder. Oder noch besser: Komm für ein paar Tage nach Hamburg.

Viel Spaß beim Hören!

Jens

Ja, Klaus Fischer erinnerte sich. Ja, die Beatles. Die waren echt gut gewesen.

Jetzt hatte er einen Grund, nach Hause zu gehen. Er wollte die neue Platte hören.

23–24

15

Als Klaus Fischer an einem Freitagmorgen Ende Februar an der Isar entlang zu seinem Büro ging, nervte ihn alles. Das

Wetter nervte ihn, München nervte ihn, und ja, auch die Isar nervte ihn. Vor allem aber nervte ihn sein letzter Fall. So etwas Langweiliges! Ein reicher Vater wollte wissen, ob sein Sohn in München wirklich studierte oder ob er nur mit Papas Geld das Nachtleben von München kennenlernte.

Auf dem Boden vor seiner Bürotür lag eine Postkarte. Von Reni!

Klaus Fischer schaute sich das Foto auf der Postkarte genau an. Aha, bei dem X. Direkt am Strand. Hm, das war wirklich ein Traum, nicht nur für Taucher. Aber für ihn wäre das nichts. Da war es doch sicher noch heißer als in Marokko.

Es wurde März, es wurde April. Klaus Fischer arbeitete an verschiedenen Fällen, aber nichts Interessantes. Er war schon ein paar Mal bei Max in der *Schwarzen Rose* gewesen, die neue Show war ein riesiger[1] Erfolg. Max und seine Leute hatten auch schon Angebote, in Hamburg, Köln und Berlin aufzutreten. Er freute sich für Max. Vielleicht würde er dann auch nach Hamburg fahren, Max dort sehen und Jens besuchen. Na ja, vielleicht aber auch nicht.

Aber an einem Tag Anfang Mai lag auf dem Boden vor seiner Bürotür ein Brief mit einer ausländischen[2] Briefmarke. Von Reni!

Negril, den 24. April 1964

Lieber Klaus,

entschuldige bitte, dass ich so lange nicht auf deinen Brief geantwortet habe. Aber ich hatte soooo viel zu tun. Ich habe meine Tauchschule eröffnet! Neben dem Coco Beach! Es ist fantastisch! Alles ist fantastisch! Das Wetter, die Leute, das Meer, alles!

Wann kommst du? Auf dem Flughafen in München wartet ein Flugticket nach Kingston auf dich. Es gilt für drei Monate. Aber ich hoffe, du wartest nicht so lange.

Ich warte auf dich,
deine Reni

25

ENDE

[1] riesig = groß
[2] ausländisch = aus dem Ausland

Und jetzt?

Simon: Was meinst du? Ist unsere Geschichte jetzt wirklich fertig?

Laura: Ja. Ich kann es fast nicht glauben. Das war ganz schön viel Arbeit. Aber es war super! Ich bin echt überrascht. Das hatte ich vorher nicht erwartet.

Simon: Und? Wann schreiben wir unsere nächste Geschichte?

Laura: Also ich möchte erst einmal sehen, ob diese Geschichte unseren Freunden gefällt. Wollen wir sie auf Facebook posten?

Simon: Ja, warum nicht? ... Eins ... zwei ... drei ... Und unsere Geschichte ist auf Facebook.

Laura: Was? Wirklich?

Simon: Ja, jetzt oder nie!

Am nächsten Tag:

Jonas ★★★★★

Und? Was passiert jetzt? Fliegt Klaus nach Jamaika? Oder ist er so doof und bleibt in München?

Sofie ★★★★★

Natürlich geht er nach Jamaika. Was für Abenteuer erleben Reni und Klaus denn dort?

Fabio ★★★★★

Na, das ist doch in der Karibik! Da finden sie sicher beim Tauchen ein altes Piratenschiff[1] mit viel Gold!

26
27

[1] Pirat =